THE TRASH PACK™

LES CRASSEUX DANS VOTRE POUBELLE !

BLAGUES ET HISTOIRES

DÉGUEU

6

D0684897

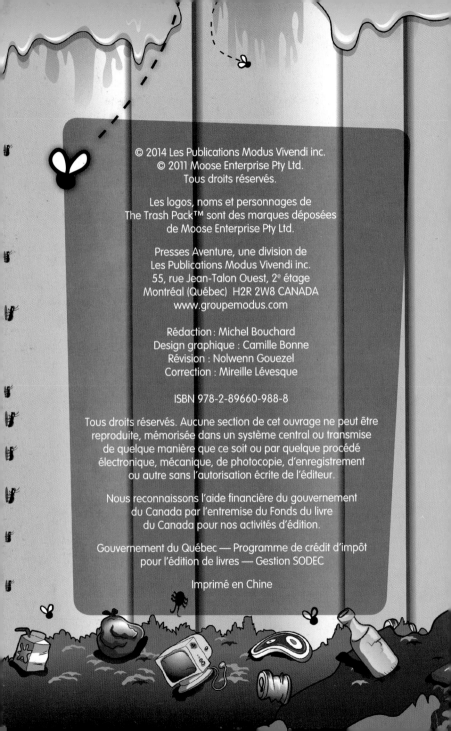

Presses Aventure, une division de
Les Publications Modus Vivendi inc.
55, rue Jean-Talon Ouest, 2e étage
Montréal (Québec) H2R 2W8 CANADA
www.groupemodus.com

Rédaction : Michel Bouchard
Design graphique : Camille Bonne
Révision : Nolwenn Gouezel
Correction : Mireille Lévesque

ISBN 978-2-89660-988-8

Nous reconnaissons l'aide financière du gouvernement
du Canada par l'entremise du Fonds du livre
du Canada pour nos activités d'édition.

Gouvernement du Québec — Programme de crédit d'impôt
pour l'édition de livres — Gestion SODEC

Imprimé en Chine

THE TRASH PACK™

LES CRASSEUX DANS VOTRE POUBELLE !

Des blagues putrides, des devinettes pestilentielles, des énigmes dégoûtantes et des histoires nauséabondes avec tes amis préférés des séries 1 à 5 !

ATTENTION, LES CRASSEUX VONT SORTIR DE TA POUBELLE!

Par Michel Bouchard

Répète trois fois à voix haute :

Radio Crasse et Cass'Écran sont des Crasseux cassés tout plein de crasse.

4

Où est passé Steak-Dégueu?

Il est là… Il « s'teak haché »
derrière la poubelle!

LES DÉCHETS DE PLAGE

GLO'BEURK

ÉTOILE FICHUE

PALOURDEUSE

TRESSE D'ALGUE

CREVETTE PUANTE

SAL'HERMITE

VIC'ÉCAILLE

6

Le sol sous tes pieds est recouvert de sable, détrempé et malodorant ? Tu as probablement les deux pieds dans la litière de ton chat ou à proximité des Déchets de Plage. Ces Trashies qui ont passé trop de temps dans l'eau de mer stagnante pourrissent au soleil depuis si longtemps qu'ils empestent les algues moisies, le poisson mort et les serviettes mal séchées. Ne t'enfouis pas… Enfuis-toi !

Si Le-Flu était un superhéros, on l'appellerait Super-Flu.

Tous les Trashies de la famille des Saletés sont de bons camarades, excepté peut-être Bout'Saucisse…

On dirait un « sal'ami » !

LES DÉCHETS DE JOUETS

MANETT'ÉCORCHÉE

YO YARK

AUTO DE DÉMOLITION

PLANCHE À GOUTTIÈRE

CROT'CANARD

CAMION DÉCHU

DÉTRITU-SAURE

DÉBOUR' NOUNOURS

CHEVAL RENVERSANT

Tu viens de retrouver ton vieil ourson en peluche enfoui sous une tonne de blocs de construction non utilisés depuis des lustres ? Il est malodorant et couvert de saletés ? Il est probable qu'il soit devenu un Déchet de Jouets. Ces anciens joujoux adorés, mais aujourd'hui rejetés se cachent dans les fentes du divan et discutent avec les grains de maïs soufflé et les pièces de monnaie perdues.

Pourquoi dit-on de Sod'Eur qu'il est dédaigneux?
Parce que «sale liqueur» (ça l'écœure)!

À quelle fête offre-t-on un Gâto-Gâté?
À la «fête-ide»!

Même si Petit Casier n'est pas en prison, on peut dire qu'il est en tôle.

Qui vient après D-Goûtant ? E-Gouttant !

LES POP-POURRI DU CINÉMA

POP'ROT

TORCHEUX

CAFÉ CRASSE

ROTOTO'SLUSH

CROTT'ILLES

MAL'SUCRERIES

Ces Trashies aiment se tenir en groupe sur les planchers des salles de cinéma, collés sous les bancs ou encore blottis au fond des machines de maïs soufflé. Fais attention de ne pas te retrouver avec un Pop-Pourri du Cinéma en putréfaction entre les dents… Ces vedettes du cinéma sont réputées pour leur mauvais goût en matière de culture… bactériologique !

Comment s'appellent les frères de Croqu'Einstein ?

Albert'Einstein et Frank'Einstein.

Répète trois fois à voix haute :

Choucrasste décroche quatre cachets crasseux, car Crrrachat accroche son corset.

Pourquoi Puant'Rondelle
a si mal aux pieds?

Parce qu'il a des oignons!

22

Comment les amis de Raton-Sal le surnomment-ils quand il salive en regardant une poubelle bien juteuse ?

Le raton « baveur » !

Pourquoi dit-on de Réveil-Pu qu'il est sensible ?

Parce qu'il a toujours « l'alarme » à l'œil !

LES CONTAMINÉS

GRIP'MORVE

D-GOÛTANT

VIRUS-FOU

LE-FLU

BOUTONNEUX

24

Si ça arrive de nulle part,
que plusieurs personnes sont
touchées et que ça fait le tour
du globe très rapidement,
c'est soit une vidéo de chaton
sur Internet, soit l'un
des Contaminés au travail !
Ces Trashies propagent de
nombreuses maladies avec
une facilité déconcertante.

Répète trois fois à voix haute :

Bizz Bizard sème la bisbille et bousille la bacille de Basile.

Mon premier est l'endroit où les bateaux s'amarrent.

On déguste les repas sur mon second.

Mon troisième est ce que l'on dit après avoir mangé de la Bouffe du monde.

Mon tout fait partie de la famille des Déchets d'école.

RÉPONSE :
Portableurk (port-table-eurk)

27

Quel est le comble de la souffrance pour Boîte à Pourrier ?

Avoir « malle » !

Que demande-t-on à Savonneuse quand ce Trashie a l'air furieux ?

Mais quelle mousse t'a piqué ?

LES AFFREUX

RAT-D'ÉGOÛT

MOUETTE-RAPACE

EL-RÉSIDUO

CORBEAU GROSSIER

CANARD'EAU

RATON-SAL

PIGEON DODU

CHÈVRE-CHOU

MESQUIN REQUIN

Ta poubelle bouge toute seule ?
Il y a trois possibilités :

1) Il y a un raton laveur dans
ton quartier.

2) Un détective y est terré et cherche
des informations à ton sujet.

3) Les Affreux sont en quête
de nourriture.

Les Affreux adorent renifler les
vidanges afin de mettre la patte
sur un trésor aussi précieux qu'une
pelure de banane rancie, des
mouchoirs usagés ou un reste
de jambon périmé.

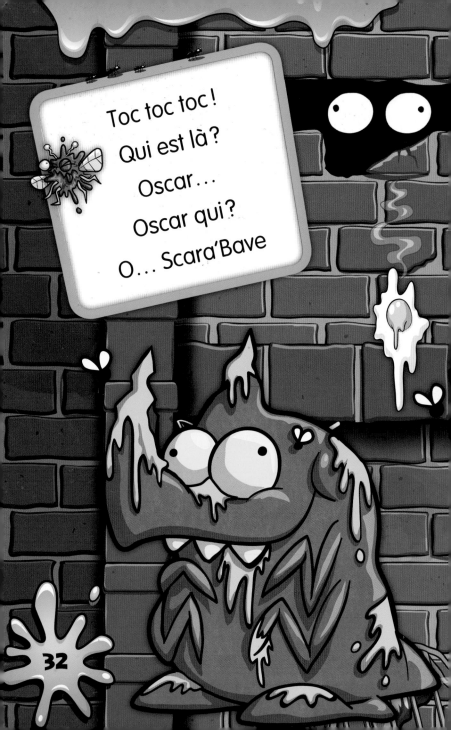

Répète trois fois à voix haute en sautant sur un pied et en pinçant ton nez :

Blatte-Blouf bouffe beaucoup de bons burgers.

Qu'arrive-t-il à Zombie-Riz quand il a un rhume ?

Son nez est plein de « morve-vivante ».

LES ORDURES

TORCHEUR

MORVEUX

BAS-QUI-PU

SEPTIC

GRILLEUX

RÉVEIL-PU

BOÎTE À POURRIER

BOL POISSEUX

FER-À-PLAT

ASPI'RATÉ

VENTI-LENTEUR

LAMP'ZAPPETTE

34

De vieilles chaises malodorantes, des pots de peinture séchée et des vélos rouillés sont des objets aisément repérables autour de certaines maisons. Il est probable que ton garage ou ton cabanon en soit rempli ! Ces trésors en tout genre sont surnommés... les Ordures !

LES ASTRO TRASH

ASTÉROSCRAP

ROBO COSMOS

RABIBOCHE L'AFFREUX

PERDU-DE-L'ESPACE

XTRA-TERREUX

FUSÉE-LASER

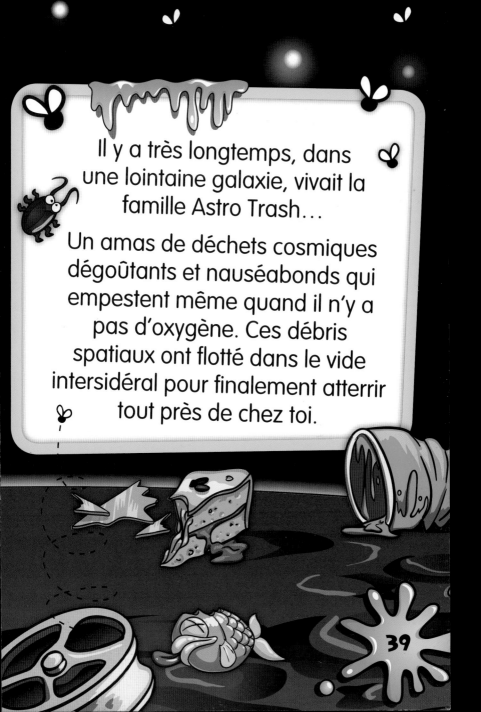

Il y a très longtemps, dans une lointaine galaxie, vivait la famille Astro Trash…

Un amas de déchets cosmiques dégoûtants et nauséabonds qui empestent même quand il n'y a pas d'oxygène. Ces débris spatiaux ont flotté dans le vide intersidéral pour finalement atterrir tout près de chez toi.

39

Quel est le comble de la punition pour Crot'Canard ?

Se retrouver dans le « coin-coin-coin » !

Pourquoi Mouche Congelée ne parle plus à Poisson Gelé ?

Parce qu'il y a un froid entre eux !

41

Avec quoi Fusée-Perdue
fait-elle la vaisselle?

Avec une navette à vaisselle !

Comment Vomi-Shi triche-t-il
au billard?

En jouant avec deux baguettes !

43

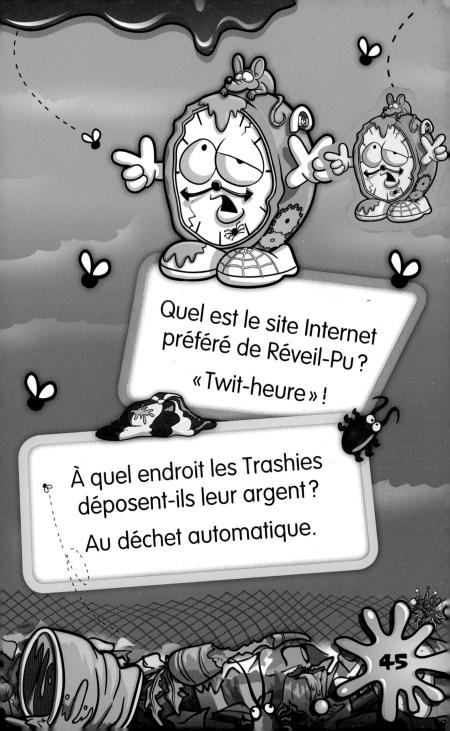

Quel est le site Internet préféré de Réveil-Pu ?

« Twit-heure » !

À quel endroit les Trashies déposent-ils leur argent ?

Au déchet automatique.

Pourquoi Infâme-Pépite
ronfle-t-il?

Parce qu'Infâme-Pépite
dort!

46